www.ingramcontent.com/pod-product-compliance
Lightning Source LLC
LaVergne TN
LVRC081951220826
846093LV00005B/28

9781632705907

الكسورية المفضلة لدي

المجلد 2

بواسطة ديفيد إي ماك آدامز

تم إنشاء الصور في هذا الكتاب باستخدام برنامج **Fractal Forge.** يمكن تنزيل برنامج **Fractal Forge https://sourceforge.net/projects/fractalforge/**

كتب أخرى لديفيد إي. ماك آدامز

ألوان الببغاوات - مقدمة لمفهوم الألوان باستخدام رسوم توضيحية للببغاوات. للأطفال في سن ما قبل المدرسة.

ألوان الزهور - مقدمة لمفهوم الألوان باستخدام رسوم توضيحية للزهور. للأطفال في سن ما قبل المدرسة.

ألوان الكون - مقدمة لمفهوم الألوان باستخدام صور من وكالة ناسا. للأطفال في سن ما قبل المدرسة.

الاشكال - مقدمة للأشكال. للأطفال في سن ما قبل المدرسة.

الأرقام - مقدمة لمفهوم الأرقام. للصفوف من K-2.

ما هو أكبر من أي شيء (اللانهاية) - مقدمة لمفهوم اللانهاية. للصفوف من 1 إلى 3.

Swing Sets (Set Theory) (باللغة الإنجليزية) - مقدمة لنظرية المجموعات. للصفوف من 2 إلى 4.

One Penny, Two (باللغة الإنجليزية) - إذا تضاعفت قرش جيري كل يوم، فكم من الوقت سيستغرقه حتى يتمكن من شراء سيارة رياضية خضراء داكنة؟ للصفوف من 3 إلى 6.

مجموعة أنشطة التعلم باستخدام أموال اللعب - قم بتعليم الأعداد الكبيرة والعد بأكثر من 1,000,000 دولار من أموال اللعب.

الكسيرة المفضلة لدي (المجلدان 1 و2) - كتب مصورة للكسور الرائعة مقدمة كصور عالية الدقة. لجميع الأعمار.

All Math Words Dictionary (باللغة الإنجليزية) - قاموس رياضيات لطلاب ما قبل الجبر والجبر والهندسة وما قبل حساب التفاضل والتكامل.

The First Million Digits of Pi(باللغة الإنجليزية) - أول مليون رقم من باي. لجميع الأعمار.

The First Million Digits of e(باللغة الإنجليزية) - أول مليون رقم من ثابت أويلر e. لجميع الأعمار.

The Square Root of Two to One Million Digits (باللغة الإنجليزية)- أول مليون رقم من الجذر التربيعي لـ 2. لجميع الأعمار.

The First Hundred Thousand Prime Numbers (باللغة الإنجليزية)- أول مائة ألف عدد أولي. لجميع الأعمار.

Geometric Nets Project Book (باللغة الإنجليزية) - 80 شبكة هندسية لنسخها وقصها ولصقها معًا في شكل متعدد السطوح ثلاثي الأبعاد. للأعمار من 9 سنوات فما فوق.

Geometric Nets Mega Project Book (باللغة الإنجليزية) - 253 شبكة هندسية لنسخها وقصها ولصقها معًا في شكل متعدد السطوح ثلاثي الأبعاد. للأعمار من 9 سنوات وما فوق.

للحصول على قائمة محدثة، راجع https://www.DEMcAdams.com.

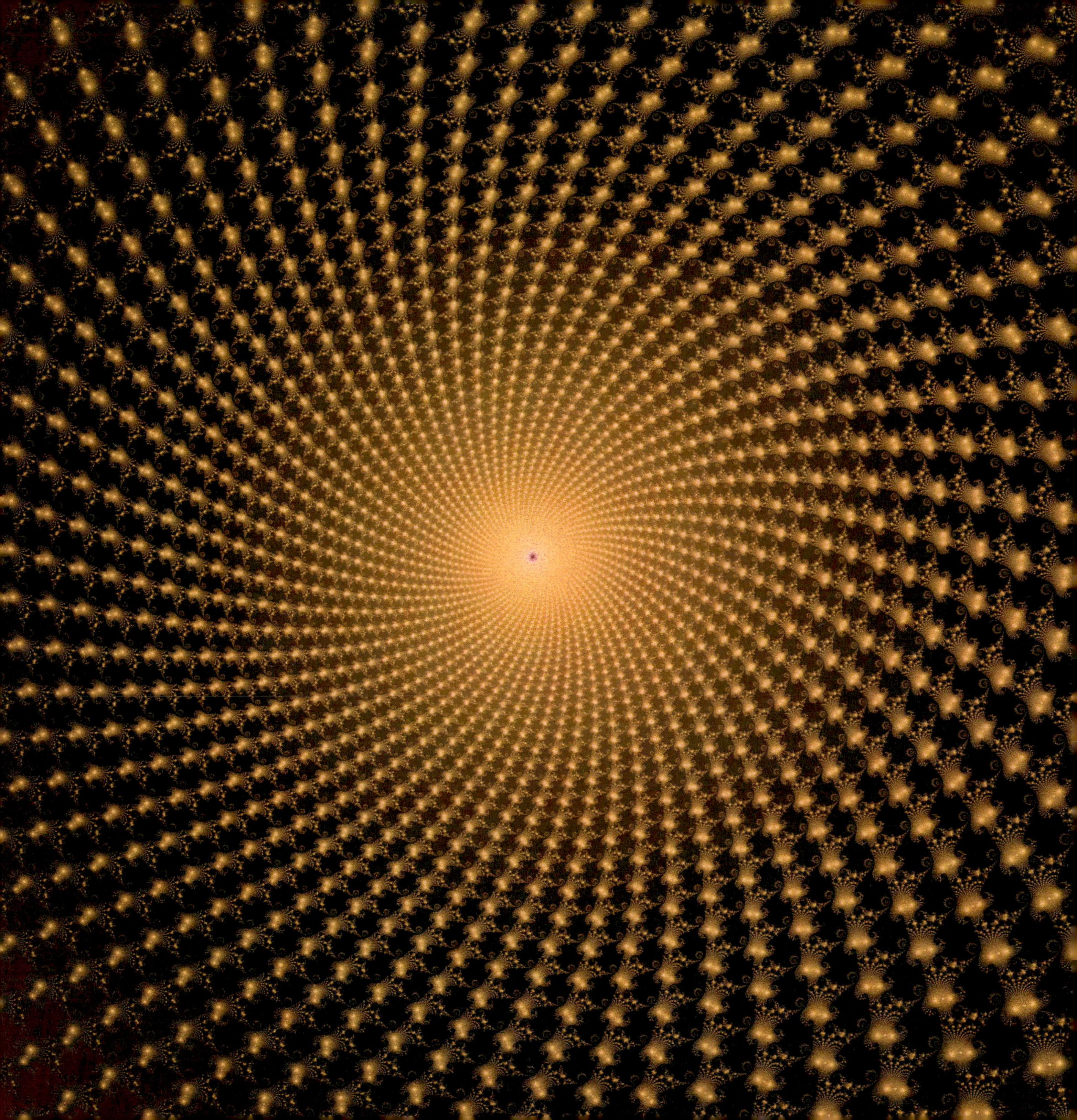

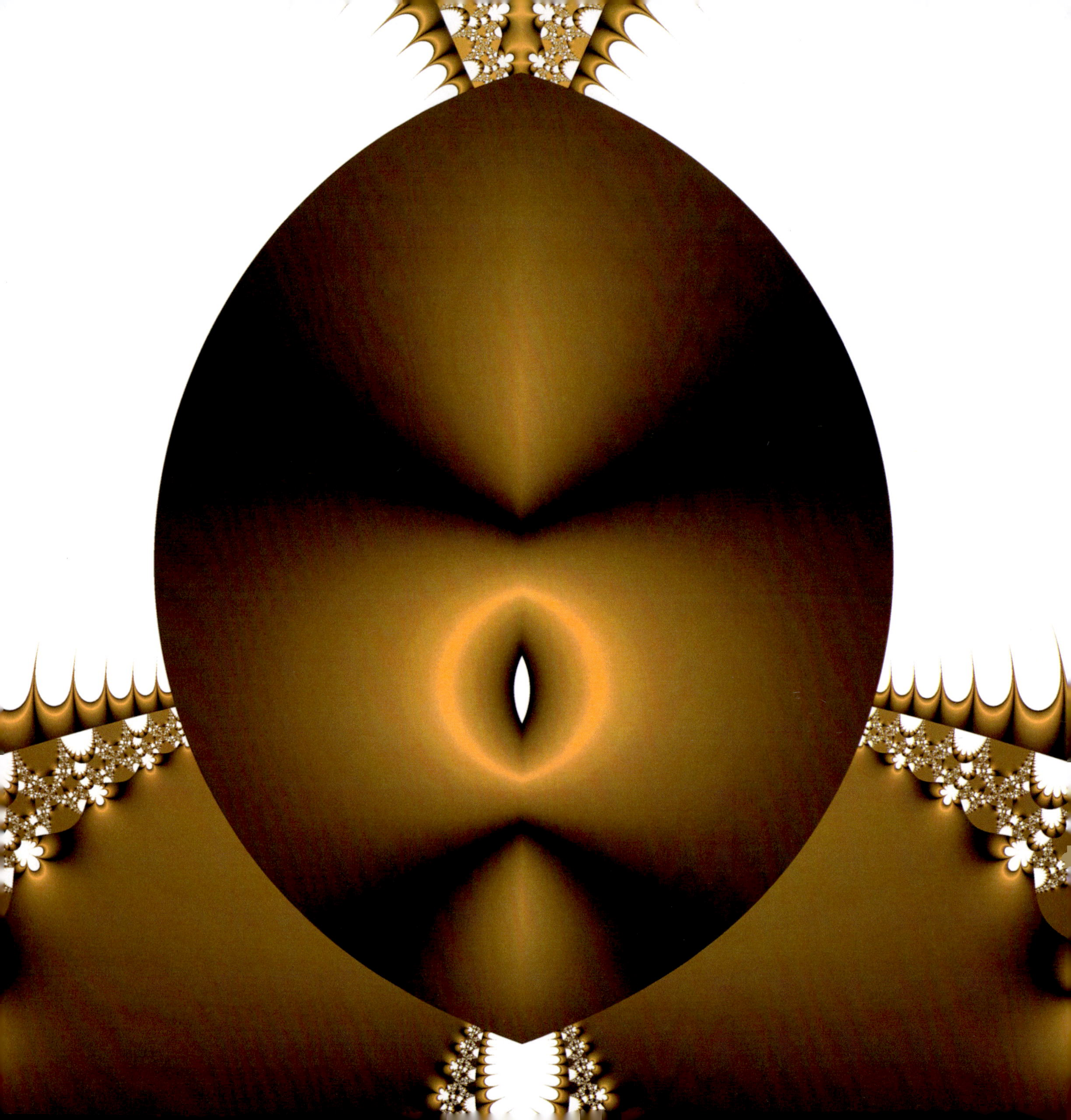

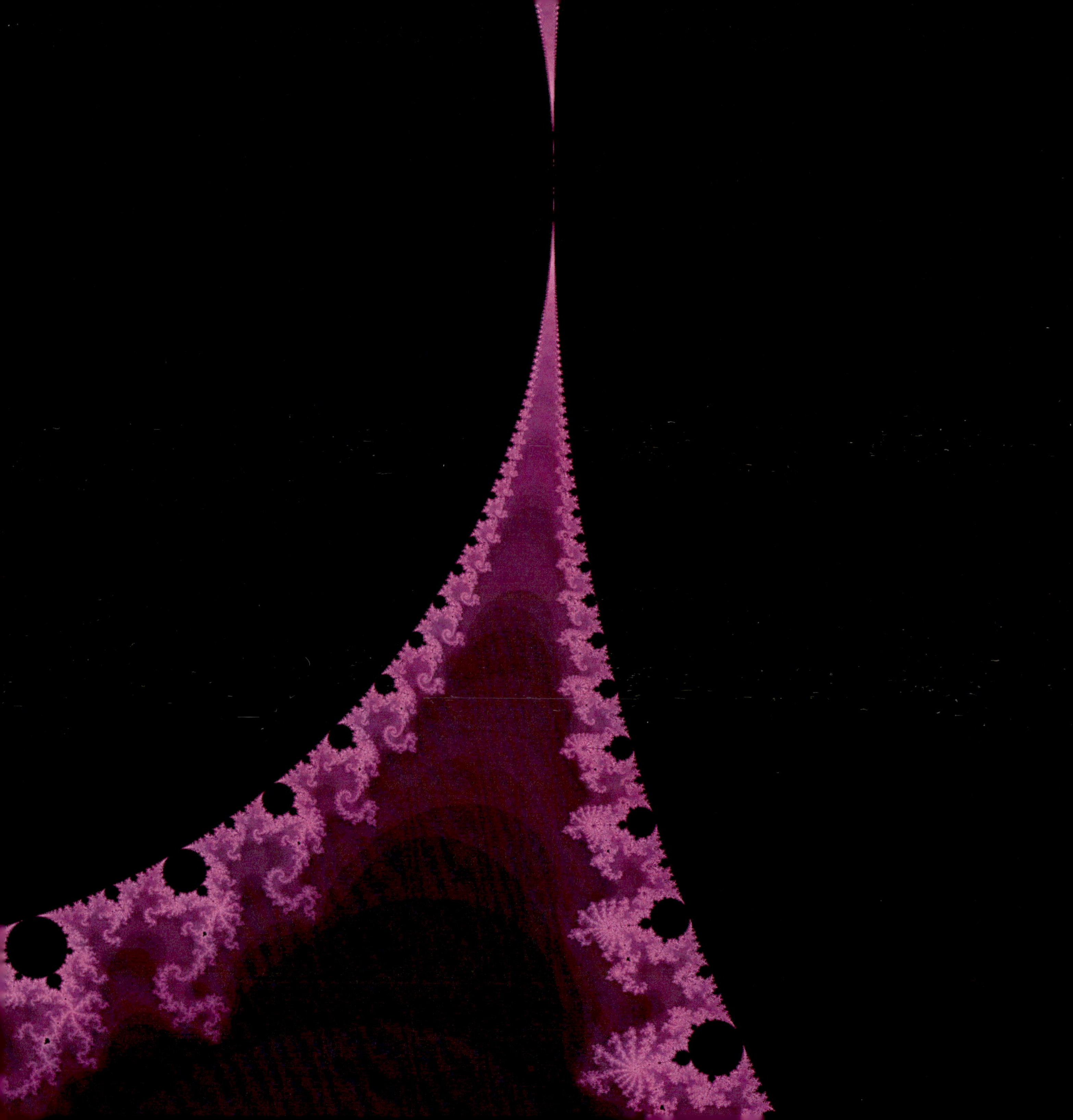

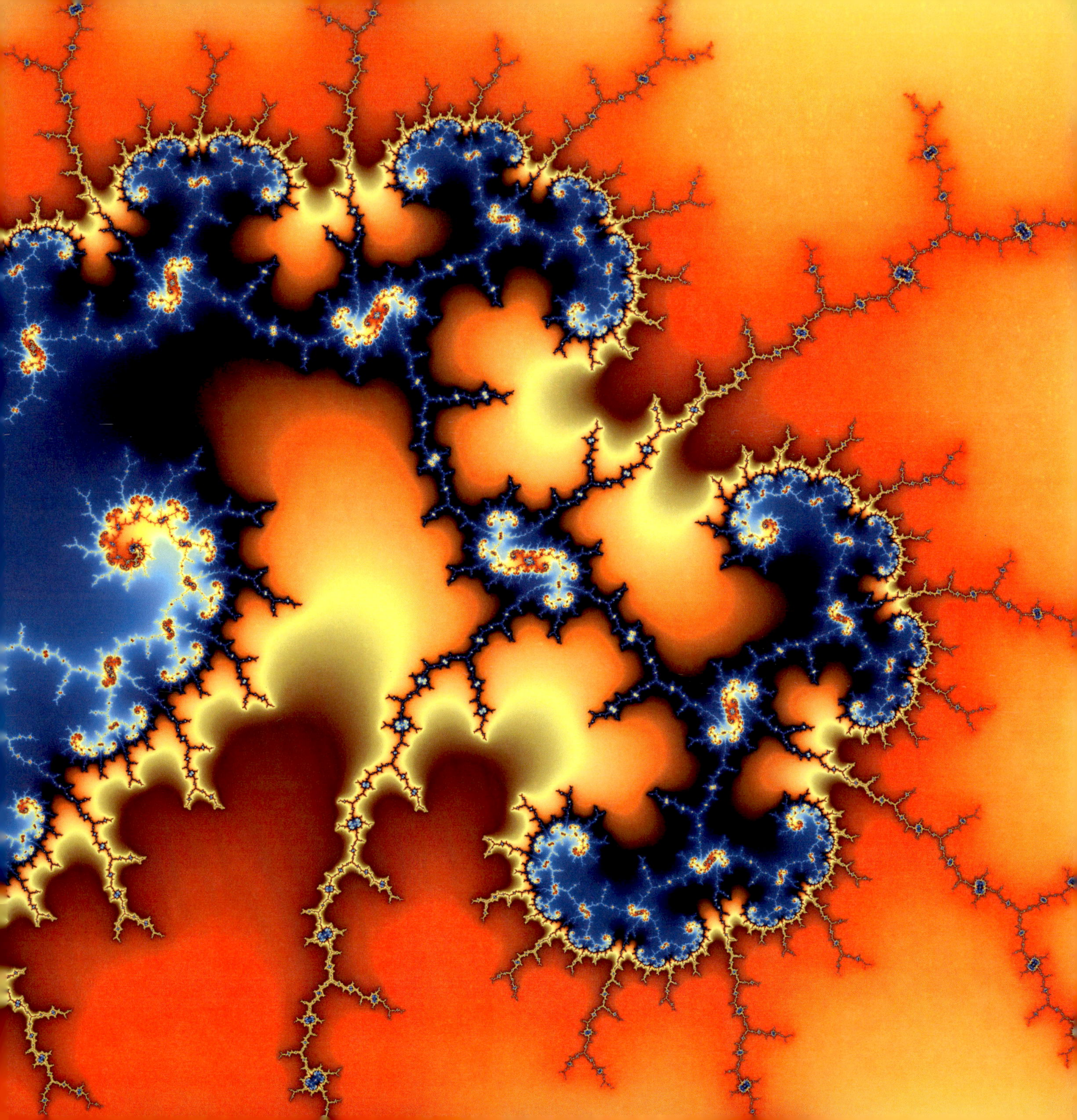

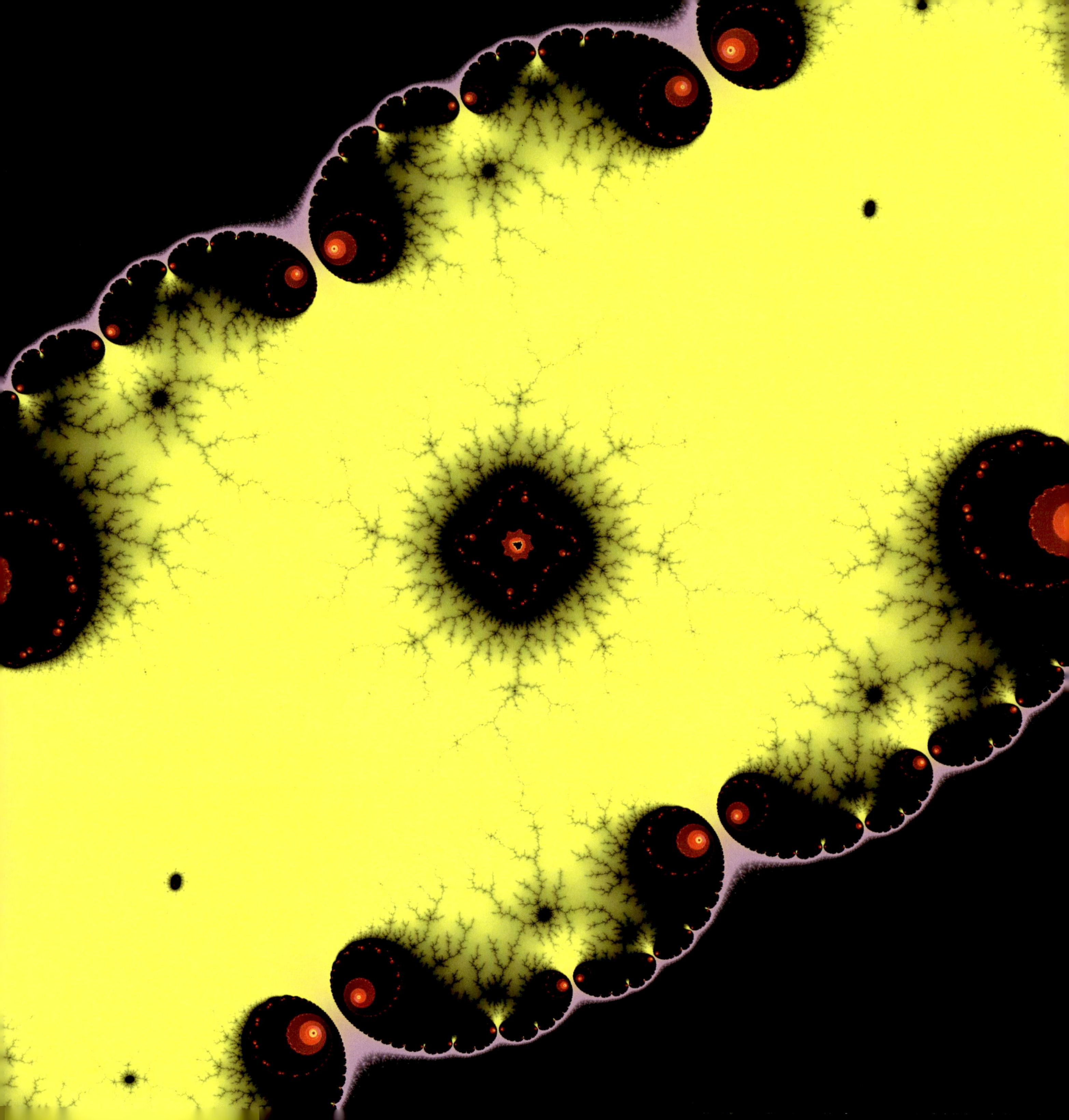

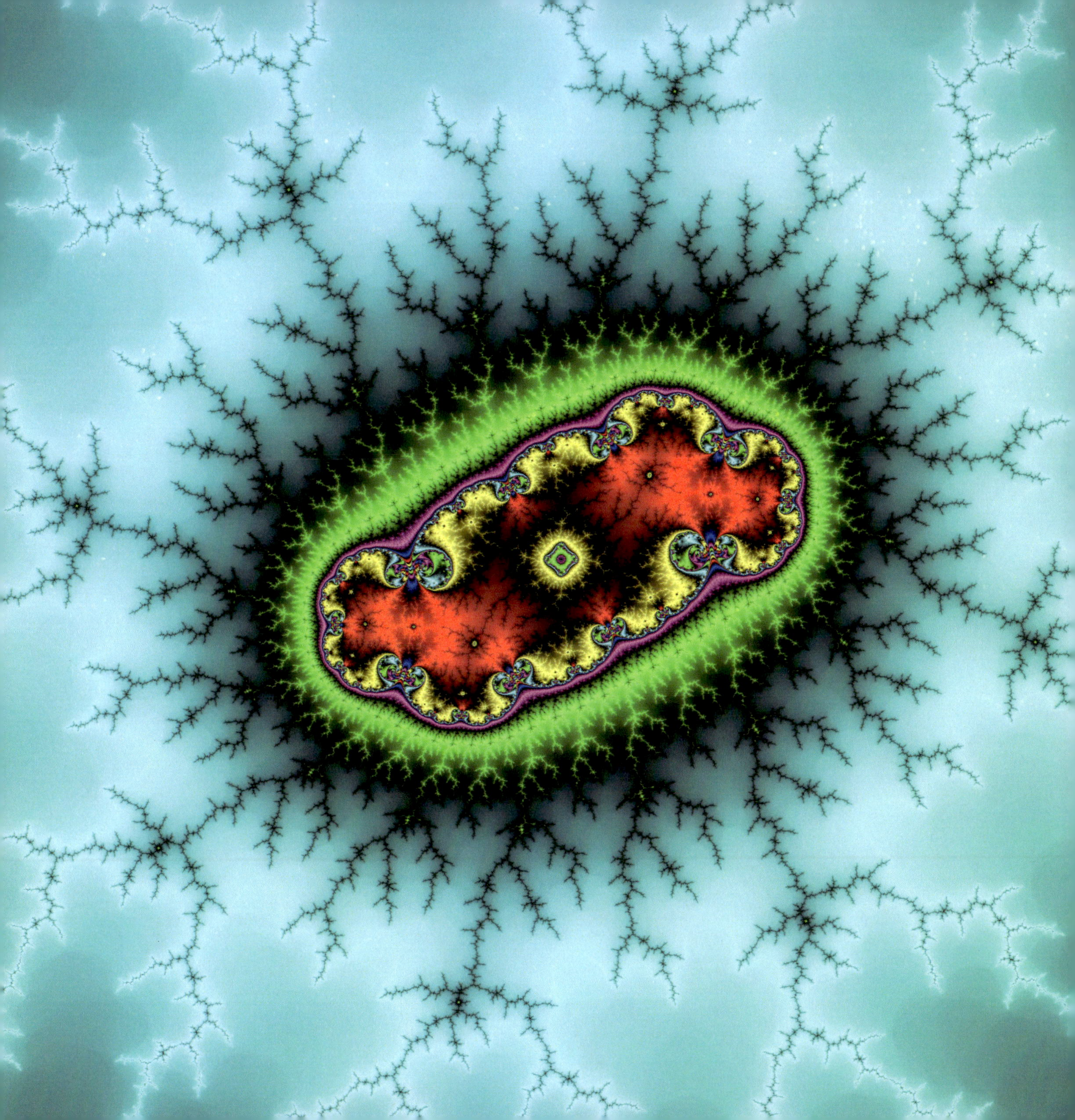

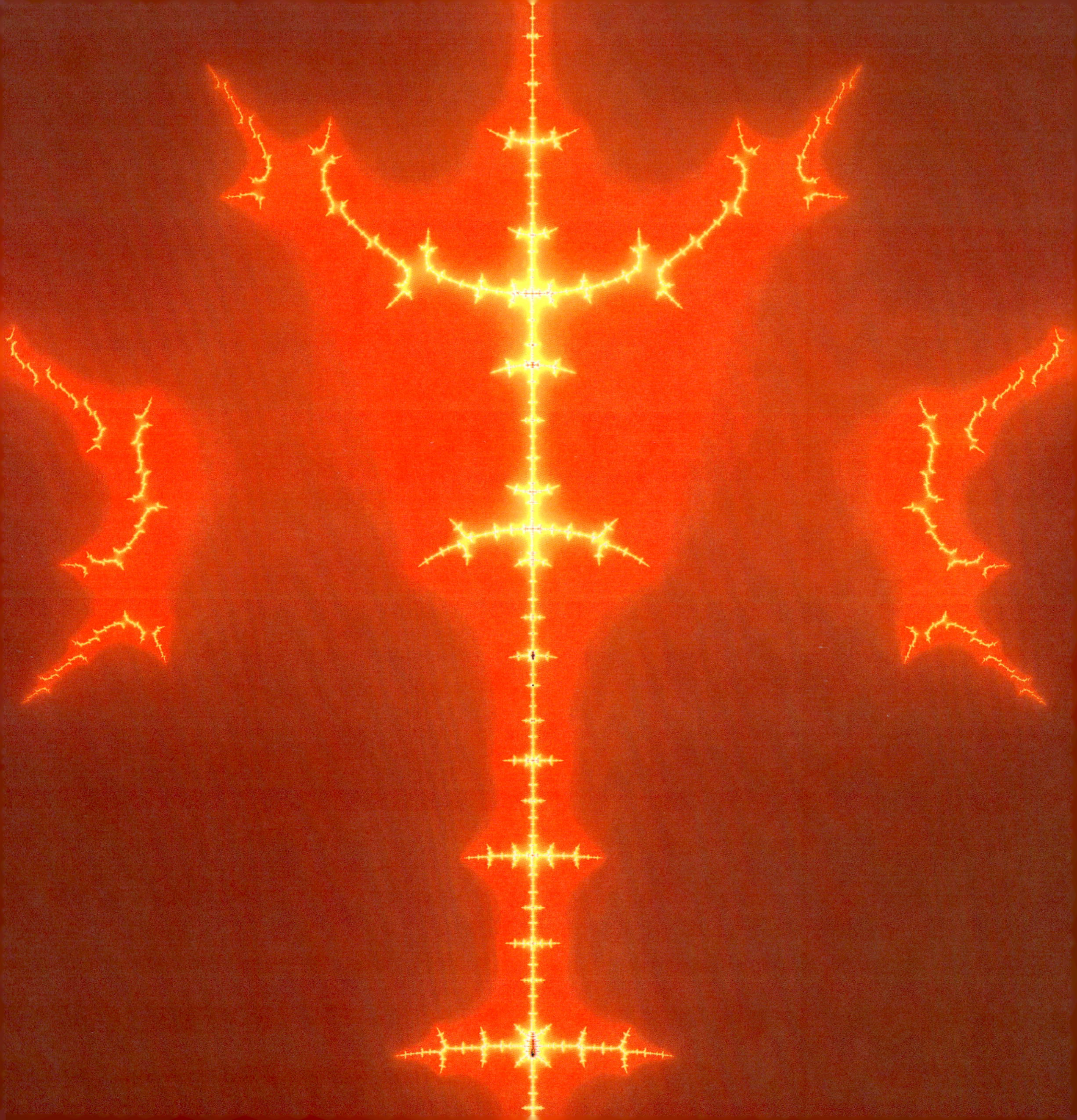

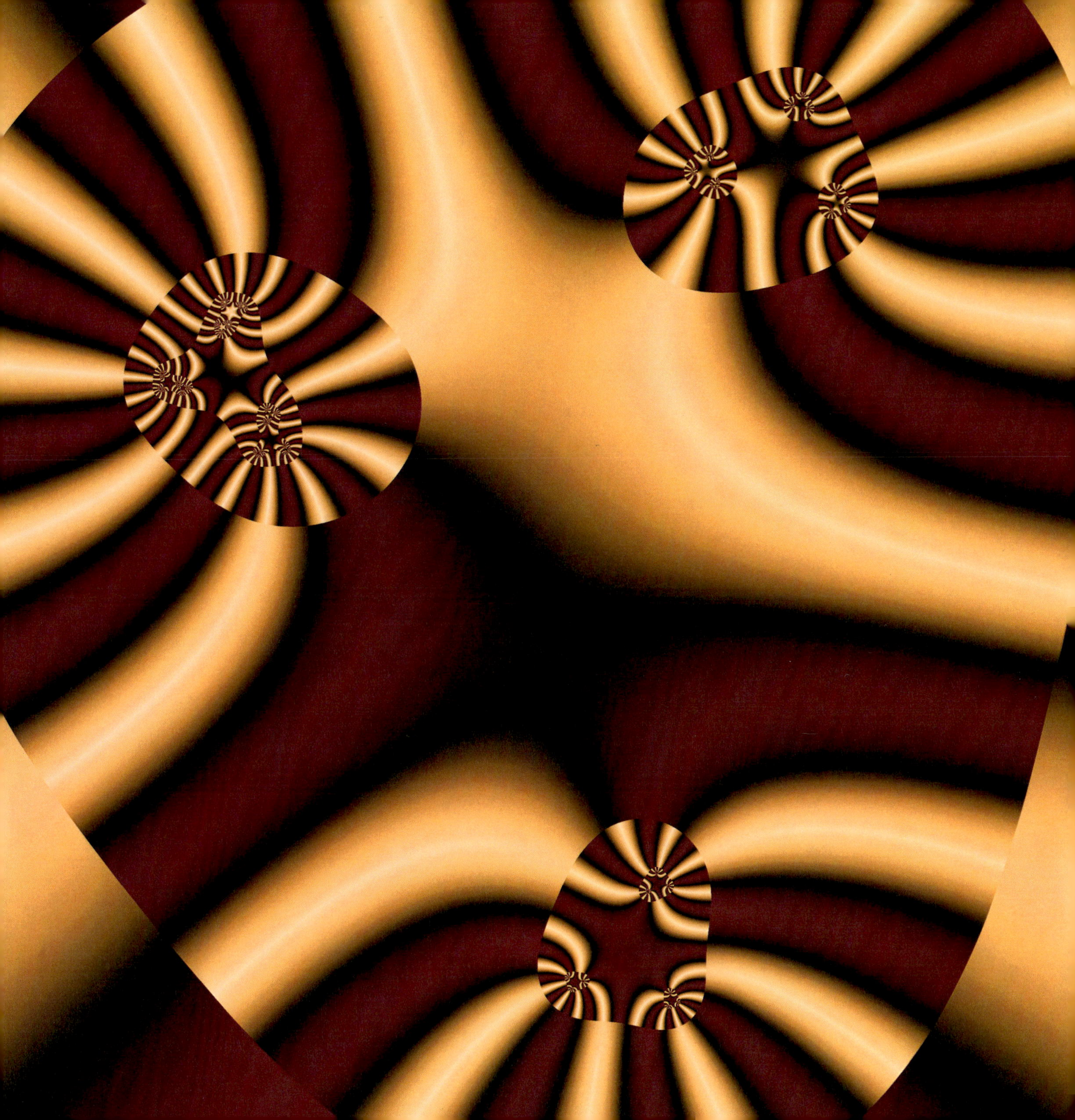

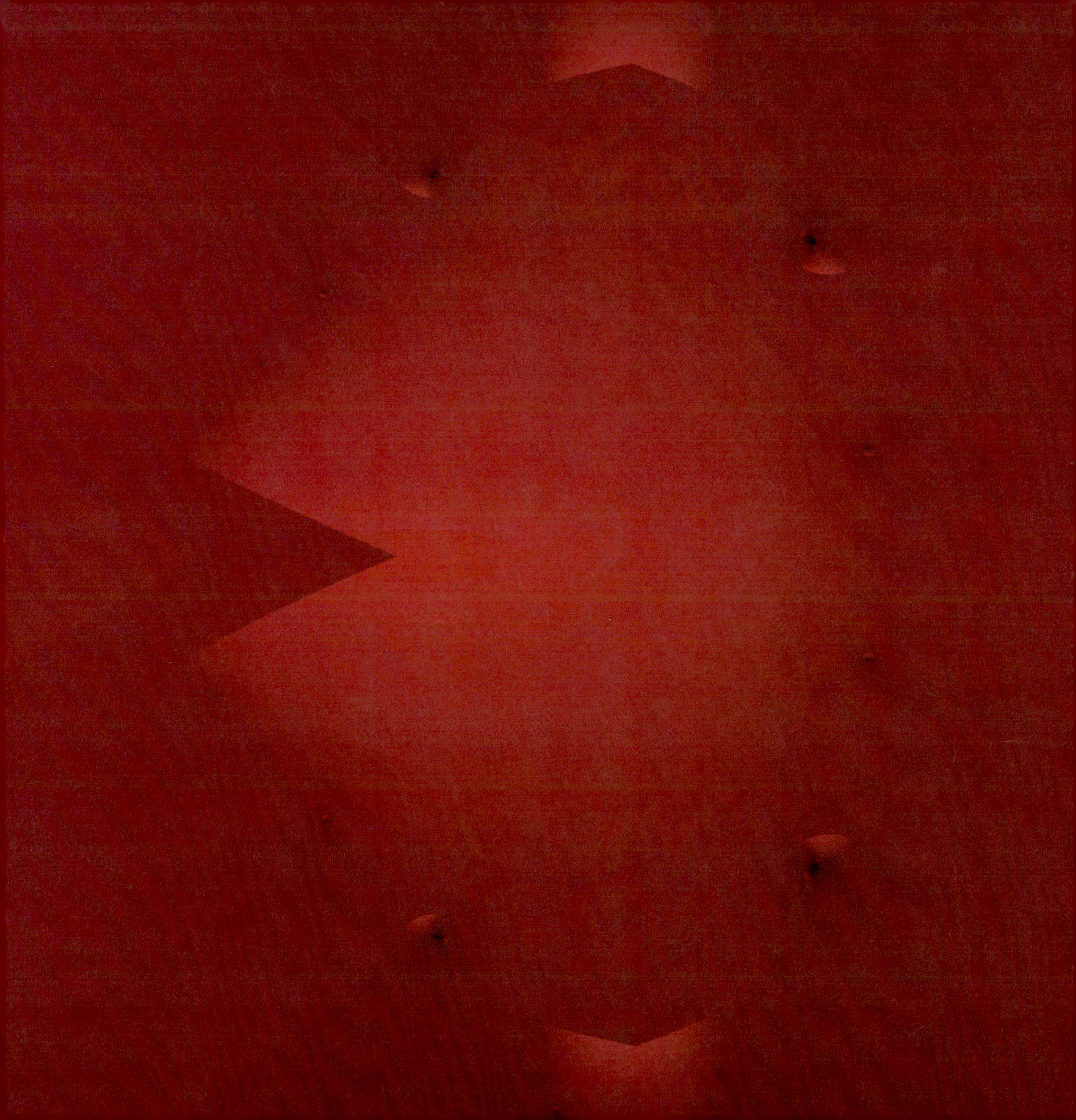

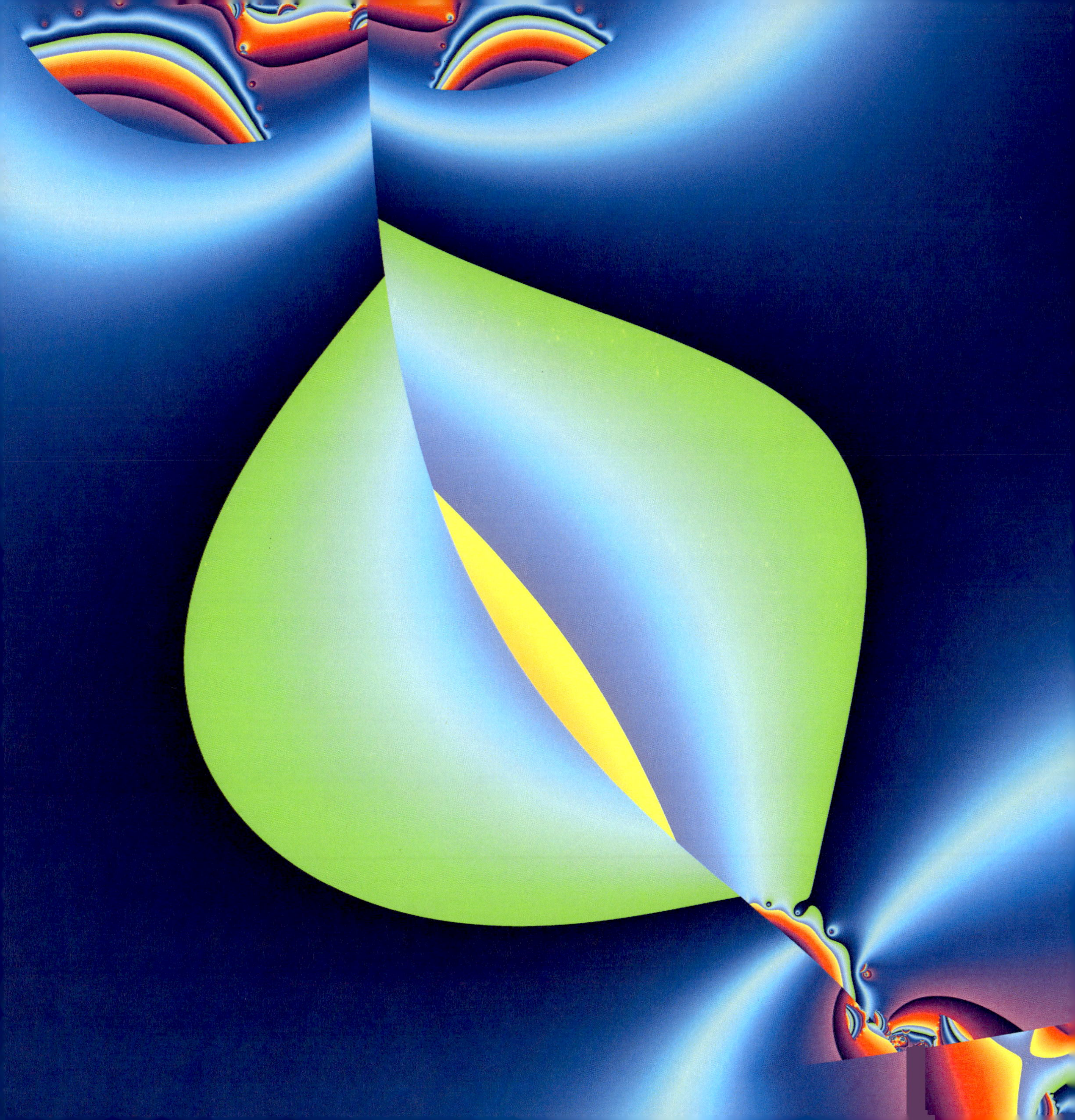

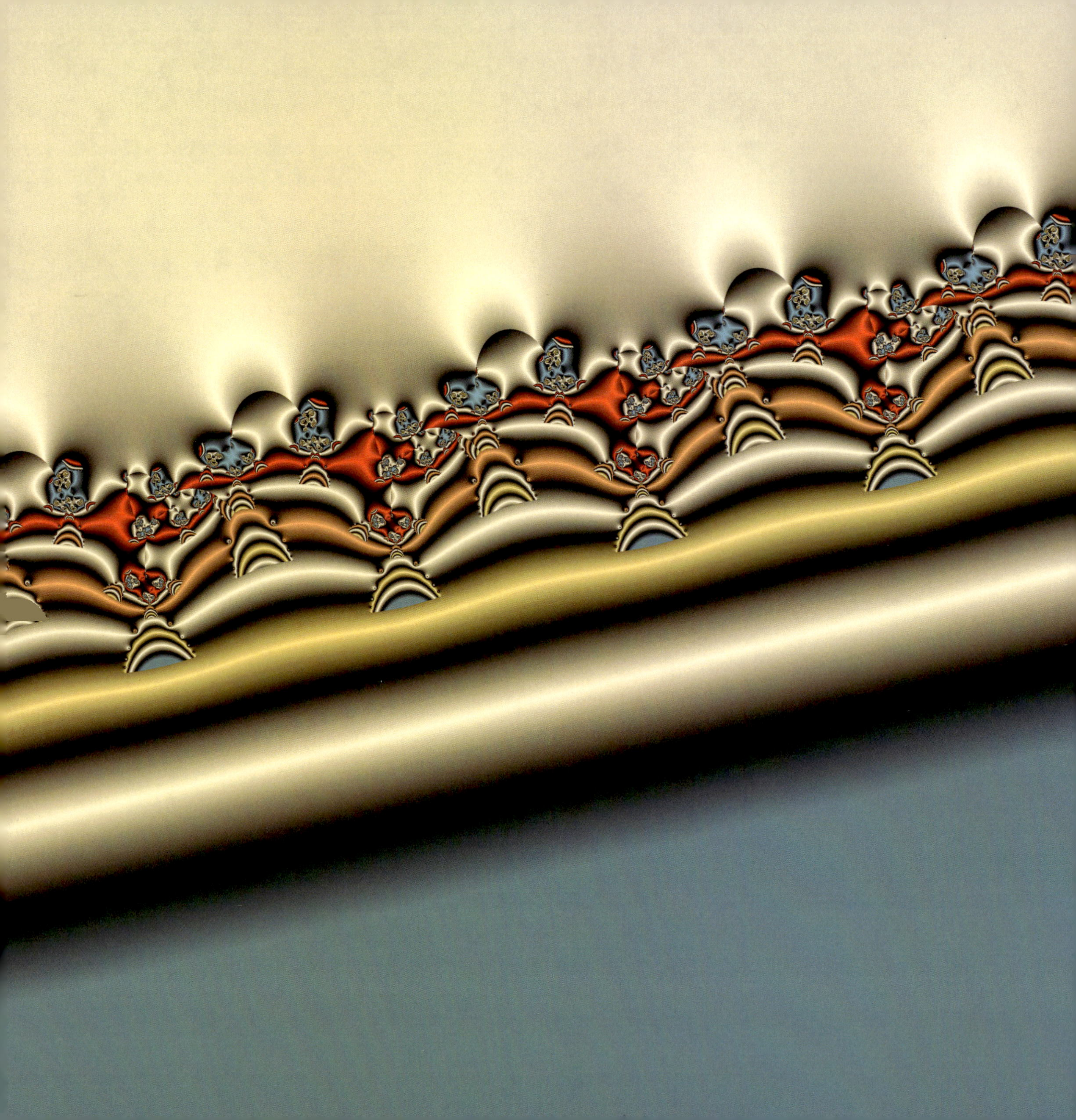

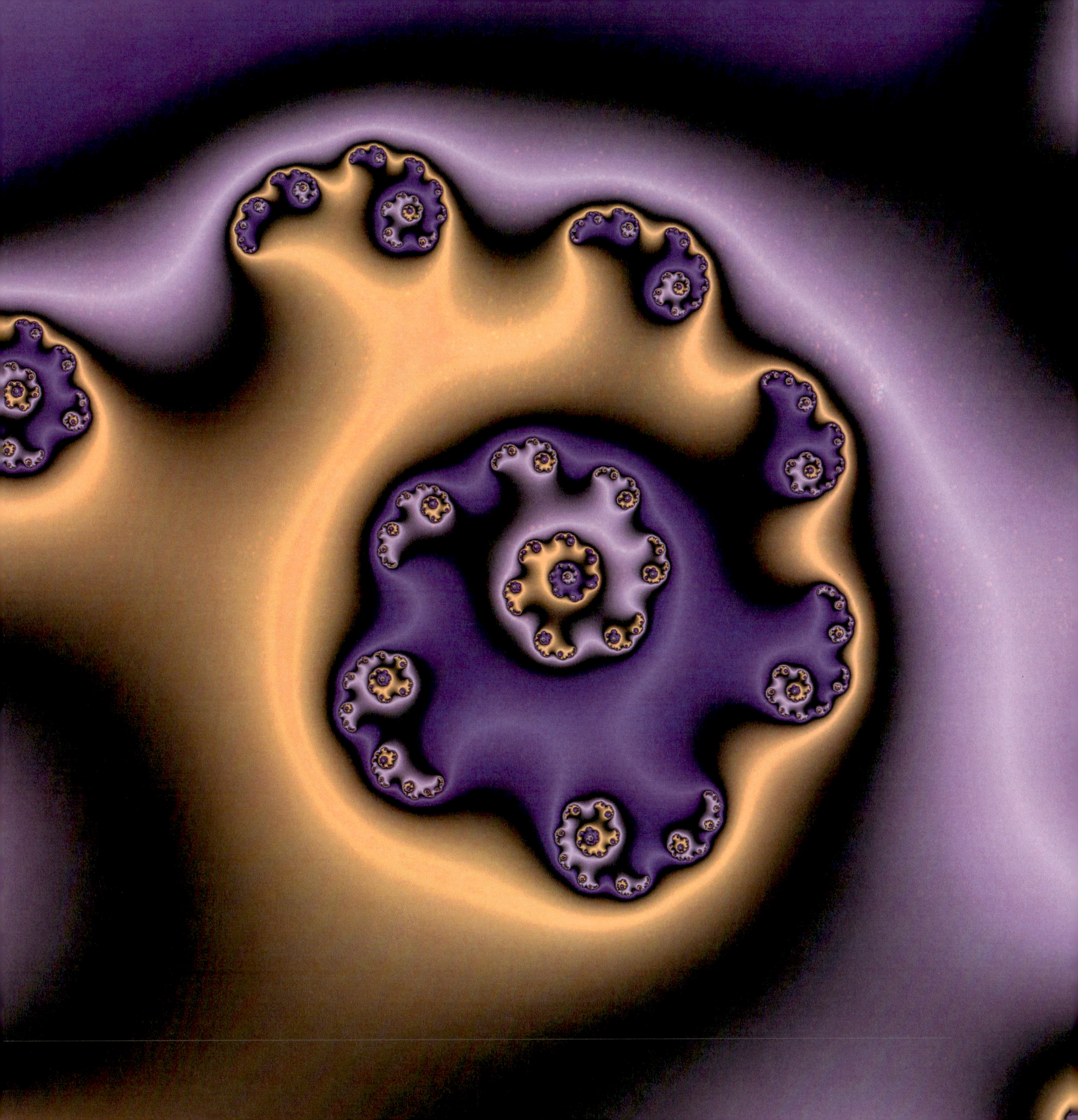